MY LITTLE BLACK MILEAGE BOOK

Copyright © 2018 Full Timer Press, LLC

Name: _____

Phone: _____

Auto Model: _____

Beginning Odometer: _____

Ending Odometer: _____

Monthly Miles

January	February	March

April	May	June

July	August	September

October	November	December

Total Miles:

Date	Odometer	Where & Why	Miles
	B		
	E		
	B		
	E		
	B		
	E		
	B		
	E		
	B		
	E		
	B		
	E		
	B		
	E		
	B		
	E		
	B		
	E		
	B		
	E		
	B		
	E		
	B		
	E		

Notes:

Date	Odometer	Where & Why	Miles
	B		
	E		
	B		
	E		
	B		
	E		
	B		
	E		
	B		
	E		
	B		
	E		
	B		
	E		
	B		
	E		
	B		
	E		
	B		
	E		
	B		
	E		
	B		
	E		

Notes:

Date	Odometer	Where & Why	Miles
	B		
	E		
	B		
	E		
	B		
	E		
	B		
	E		
	B		
	E		
	B		
	E		
	B		
	E		
	B		
	E		
	B		
	E		
	B		
	E		
	B		
	E		
	B		
	E		

Notes:

Date	Odometer	Where & Why	Miles
	B		
	E		
	B		
	E		
	B		
	E		
	B		
	E		
	B		
	E		
	B		
	E		
	B		
	E		
	B		
	E		
	B		
	E		
	B		
	E		
	B		
	E		
	B		
	E		

Notes:

Date	Odometer	Where & Why	Miles
	B		
	E		
	B		
	E		
	B		
	E		
	B		
	E		
	B		
	E		
	B		
	E		
	B		
	E		
	B		
	E		
	B		
	E		
	B		
	E		
	B		
	E		
	B		
	E		

Notes:

Date	Odometer	Where & Why	Miles
	B		
	E		
	B		
	E		
	B		
	E		
	B		
	E		
	B		
	E		
	B		
	E		
	B		
	E		
	B		
	E		
	B		
	E		
	B		
	E		
	B		
	E		
	B		
	E		

Notes:

Date	Odometer	Where & Why	Miles
	B		
	E		
	B		
	E		
	B		
	E		
	B		
	E		
	B		
	E		
	B		
	E		
	B		
	E		
	B		
	E		
	B		
	E		
	B		
	E		
	B		
	E		
	B		
	E		

Notes:

Date	Odometer	Where & Why	Miles
	B		
	E		
	B		
	E		
	B		
	E		
	B		
	E		
	B		
	E		
	B		
	E		
	B		
	E		
	B		
	E		
	B		
	E		
	B		
	E		
	B		
	E		
	B		
	E		

Notes:

Date	Odometer	Where & Why	Miles
	B		
	E		
	B		
	E		
	B		
	E		
	B		
	E		
	B		
	E		
	B		
	E		
	B		
	E		
	B		
	E		
	B		
	E		
	B		
	E		
	B		
	E		
	B		
	E		

Notes:

Date	Odometer	Where & Why	Miles
	B		
	E		
	B		
	E		
	B		
	E		
	B		
	E		
	B		
	E		
	B		
	E		
	B		
	E		
	B		
	E		
	B		
	E		
	B		
	E		
	B		
	E		
	B		
	E		

Notes:

Date	Odometer	Where & Why	Miles
	B		
	E		
	B		
	E		
	B		
	E		
	B		
	E		
	B		
	E		
	B		
	E		
	B		
	E		
	B		
	E		
	B		
	E		
	B		
	E		
	B		
	E		
	B		
	E		

Notes:

Date	Odometer		Where & Why	Miles
	B			
	E			
	B			
	E			
	B			
	E			
	B			
	E			
	B			
	E			
	B			
	E			
	B			
	E			
	B			
	E			
	B			
	E			
	B			
	E			
	B			
	E			
	B			
	E			

Notes:

Date	Odometer	Where & Why	Miles
	B		
	E		
	B		
	E		
	B		
	E		
	B		
	E		
	B		
	E		
	B		
	E		
	B		
	E		
	B		
	E		
	B		
	E		
	B		
	E		
	B		
	E		
	B		
	E		

Notes:

Date	Odometer		Where & Why	Miles
	B			
	E			
	B			
	E			
	B			
	E			
	B			
	E			
	B			
	E			
	B			
	E			
	B			
	E			
	B			
	E			
	B			
	E			
	B			
	E			
	B			
	E			
	B			
	E			

Notes:

Date	Odometer	Where & Why	Miles
	B		
	E		
	B		
	E		
	B		
	E		
	B		
	E		
	B		
	E		
	B		
	E		
	B		
	E		
	B		
	E		
	B		
	E		
	B		
	E		
	B		
	E		
	B		
	E		

Notes:

Date	Odometer	Where & Why	Miles
	B		
	E		
	B		
	E		
	B		
	E		
	B		
	E		
	B		
	E		
	B		
	E		
	B		
	E		
	B		
	E		
	B		
	E		
	B		
	E		
	B		
	E		
	B		
	E		

Notes:

Date	Odometer		Where & Why	Miles
	B			
	E			
	B			
	E			
	B			
	E			
	B			
	E			
	B			
	E			
	B			
	E			
	B			
	E			
	B			
	E			
	B			
	E			
	B			
	E			
	B			
	E			
	B			
	E			

Notes:

Date	Odometer	Where & Why	Miles
	B		
	E		
	B		
	E		
	B		
	E		
	B		
	E		
	B		
	E		
	B		
	E		
	B		
	E		
	B		
	E		
	B		
	E		
	B		
	E		
	B		
	E		
	B		
	E		

Notes:

Date	Odometer	Where & Why	Miles
	B		
	E		
	B		
	E		
	B		
	E		
	B		
	E		
	B		
	E		
	B		
	E		
	B		
	E		
	B		
	E		
	B		
	E		
	B		
	E		
	B		
	E		
	B		
	E		

Notes:

Date	Odometer	Where & Why	Miles
	B		
	E		
	B		
	E		
	B		
	E		
	B		
	E		
	B		
	E		
	B		
	E		
	B		
	E		
	B		
	E		
	B		
	E		
	B		
	E		
	B		
	E		
	B		
	E		

Notes:

Date	Odometer	Where & Why	Miles
	B		
	E		
	B		
	E		
	B		
	E		
	B		
	E		
	B		
	E		
	B		
	E		
	B		
	E		
	B		
	E		
	B		
	E		
	B		
	E		
	B		
	E		
	B		
	E		

Notes:

Date	Odometer	Where & Why	Miles
	B		
	E		
	B		
	E		
	B		
	E		
	B		
	E		
	B		
	E		
	B		
	E		
	B		
	E		
	B		
	E		
	B		
	E		
	B		
	E		
	B		
	E		
	B		
	E		

Notes:

Date	Odometer	Where & Why	Miles
	B		
	E		
	B		
	E		
	B		
	E		
	B		
	E		
	B		
	E		
	B		
	E		
	B		
	E		
	B		
	E		
	B		
	E		
	B		
	E		
	B		
	E		
	B		
	E		

Notes:

Date	Odometer	Where & Why	Miles
	B		
	E		
	B		
	E		
	B		
	E		
	B		
	E		
	B		
	E		
	B		
	E		
	B		
	E		
	B		
	E		
	B		
	E		
	B		
	E		
	B		
	E		
	B		
	E		

Notes:

Date	Odometer	Where & Why	Miles
	B		
	E		
	B		
	E		
	B		
	E		
	B		
	E		
	B		
	E		
	B		
	E		
	B		
	E		
	B		
	E		
	B		
	E		
	B		
	E		
	B		
	E		
	B		
	E		

Notes:

Date	Odometer	Where & Why	Miles
	B		
	E		
	B		
	E		
	B		
	E		
	B		
	E		
	B		
	E		
	B		
	E		
	B		
	E		
	B		
	E		
	B		
	E		
	B		
	E		
	B		
	E		
	B		
	E		

Notes:

Date	Odometer	Where & Why	Miles
	B		
	E		
	B		
	E		
	B		
	E		
	B		
	E		
	B		
	E		
	B		
	E		
	B		
	E		
	B		
	E		
	B		
	E		
	B		
	E		
	B		
	E		
	B		
	E		

Notes:

Date	Odometer	Where & Why	Miles
	B		
	E		
	B		
	E		
	B		
	E		
	B		
	E		
	B		
	E		
	B		
	E		
	B		
	E		
	B		
	E		
	B		
	E		
	B		
	E		
	B		
	E		
	B		
	E		

Notes:

Date	Odometer	Where & Why	Miles
	B		
	E		
	B		
	E		
	B		
	E		
	B		
	E		
	B		
	E		
	B		
	E		
	B		
	E		
	B		
	E		
	B		
	E		
	B		
	E		
	B		
	E		
	B		
	E		

Notes:

Date	Odometer	Where & Why	Miles
	B		
	E		
	B		
	E		
	B		
	E		
	B		
	E		
	B		
	E		
	B		
	E		
	B		
	E		
	B		
	E		
	B		
	E		
	B		
	E		
	B		
	E		
	B		
	E		

Notes:

Date	Odometer	Where & Why	Miles
	B		
	E		
	B		
	E		
	B		
	E		
	B		
	E		
	B		
	E		
	B		
	E		
	B		
	E		
	B		
	E		
	B		
	E		
	B		
	E		
	B		
	E		
	B		
	E		

Notes:

Date	Odometer	Where & Why	Miles
	B		
	E		
	B		
	E		
	B		
	E		
	B		
	E		
	B		
	E		
	B		
	E		
	B		
	E		
	B		
	E		
	B		
	E		
	B		
	E		
	B		
	E		
	B		
	E		

Notes:

Date	Odometer	Where & Why	Miles
	B		
	E		
	B		
	E		
	B		
	E		
	B		
	E		
	B		
	E		
	B		
	E		
	B		
	E		
	B		
	E		
	B		
	E		
	B		
	E		
	B		
	E		
	B		
	E		

Notes:

Date	Odometer	Where & Why	Miles
	B		
	E		
	B		
	E		
	B		
	E		
	B		
	E		
	B		
	E		
	B		
	E		
	B		
	E		
	B		
	E		
	B		
	E		
	B		
	E		
	B		
	E		
	B		
	E		

Notes:

Date	Odometer	Where & Why	Miles
	B		
	E		
	B		
	E		
	B		
	E		
	B		
	E		
	B		
	E		
	B		
	E		
	B		
	E		
	B		
	E		
	B		
	E		
	B		
	E		
	B		
	E		
	B		
	E		

Notes:

Date	Odometer	Where & Why	Miles
	B		
	E		
	B		
	E		
	B		
	E		
	B		
	E		
	B		
	E		
	B		
	E		
	B		
	E		
	B		
	E		
	B		
	E		
	B		
	E		
	B		
	E		
	B		
	E		

Notes:

Date	Odometer	Where & Why	Miles
	B		
	E		
	B		
	E		
	B		
	E		
	B		
	E		
	B		
	E		
	B		
	E		
	B		
	E		
	B		
	E		
	B		
	E		
	B		
	E		
	B		
	E		
	B		
	E		

Notes:

Date	Odometer	Where & Why	Miles
	B		
	E		
	B		
	E		
	B		
	E		
	B		
	E		
	B		
	E		
	B		
	E		
	B		
	E		
	B		
	E		
	B		
	E		
	B		
	E		
	B		
	E		
	B		
	E		

Notes:

Date	Odometer	Where & Why	Miles
	B		
	E		
	B		
	E		
	B		
	E		
	B		
	E		
	B		
	E		
	B		
	E		
	B		
	E		
	B		
	E		
	B		
	E		
	B		
	E		
	B		
	E		
	B		
	E		

Notes:

Date	Odometer	Where & Why	Miles
	B		
	E		
	B		
	E		
	B		
	E		
	B		
	E		
	B		
	E		
	B		
	E		
	B		
	E		
	B		
	E		
	B		
	E		
	B		
	E		
	B		
	E		
	B		
	E		

Notes:

Date	Odometer	Where & Why	Miles
	B		
	E		
	B		
	E		
	B		
	E		
	B		
	E		
	B		
	E		
	B		
	E		
	B		
	E		
	B		
	E		
	B		
	E		
	B		
	E		
	B		
	E		
	B		
	E		

Notes:

Date	Odometer	Where & Why	Miles
	B		
	E		
	B		
	E		
	B		
	E		
	B		
	E		
	B		
	E		
	B		
	E		
	B		
	E		
	B		
	E		
	B		
	E		
	B		
	E		
	B		
	E		
	B		
	E		

Notes:

Date	Odometer	Where & Why	Miles
	B		
	E		
	B		
	E		
	B		
	E		
	B		
	E		
	B		
	E		
	B		
	E		
	B		
	E		
	B		
	E		
	B		
	E		
	B		
	E		
	B		
	E		
	B		
	E		

Notes:

Date	Odometer	Where & Why	Miles
	B		
	E		
	B		
	E		
	B		
	E		
	B		
	E		
	B		
	E		
	B		
	E		
	B		
	E		
	B		
	E		
	B		
	E		
	B		
	E		
	B		
	E		
	B		
	E		

Notes:

Date	Odometer	Where & Why	Miles
	B		
	E		
	B		
	E		
	B		
	E		
	B		
	E		
	B		
	E		
	B		
	E		
	B		
	E		
	B		
	E		
	B		
	E		
	B		
	E		
	B		
	E		
	B		
	E		

Notes:

Date	Odometer	Where & Why	Miles
	B		
	E		
	B		
	E		
	B		
	E		
	B		
	E		
	B		
	E		
	B		
	E		
	B		
	E		
	B		
	E		
	B		
	E		
	B		
	E		
	B		
	E		
	B		
	E		

Notes:

Date	Odometer	Where & Why	Miles
	B		
	E		
	B		
	E		
	B		
	E		
	B		
	E		
	B		
	E		
	B		
	E		
	B		
	E		
	B		
	E		
	B		
	E		
	B		
	E		
	B		
	E		
	B		
	E		

Notes:

Date	Odometer	Where & Why	Miles
	B		
	E		
	B		
	E		
	B		
	E		
	B		
	E		
	B		
	E		
	B		
	E		
	B		
	E		
	B		
	E		
	B		
	E		
	B		
	E		
	B		
	E		
	B		
	E		

Notes:

Date	Odometer	Where & Why	Miles
	B		
	E		
	B		
	E		
	B		
	E		
	B		
	E		
	B		
	E		
	B		
	E		
	B		
	E		
	B		
	E		
	B		
	E		
	B		
	E		
	B		
	E		
	B		
	E		

Notes:

Date	Odometer	Where & Why	Miles
	B		
	E		
	B		
	E		
	B		
	E		
	B		
	E		
	B		
	E		
	B		
	E		
	B		
	E		
	B		
	E		
	B		
	E		
	B		
	E		
	B		
	E		
	B		
	E		

Notes:

Date	Odometer	Where & Why	Miles
	B		
	E		
	B		
	E		
	B		
	E		
	B		
	E		
	B		
	E		
	B		
	E		
	B		
	E		
	B		
	E		
	B		
	E		
	B		
	E		
	B		
	E		
	B		
	E		

Notes:

Date	Odometer	Where & Why	Miles
	B		
	E		
	B		
	E		
	B		
	E		
	B		
	E		
	B		
	E		
	B		
	E		
	B		
	E		
	B		
	E		
	B		
	E		
	B		
	E		
	B		
	E		
	B		
	E		

Notes:

Date	Odometer	Where & Why	Miles
	B		
	E		
	B		
	E		
	B		
	E		
	B		
	E		
	B		
	E		
	B		
	E		
	B		
	E		
	B		
	E		
	B		
	E		
	B		
	E		
	B		
	E		
	B		
	E		

Notes:

Date	Odometer	Where & Why	Miles
	B		
	E		
	B		
	E		
	B		
	E		
	B		
	E		
	B		
	E		
	B		
	E		
	B		
	E		
	B		
	E		
	B		
	E		
	B		
	E		
	B		
	E		
	B		
	E		

Notes:

Date	Odometer	Where & Why	Miles
	B		
	E		
	B		
	E		
	B		
	E		
	B		
	E		
	B		
	E		
	B		
	E		
	B		
	E		
	B		
	E		
	B		
	E		
	B		
	E		
	B		
	E		
	B		
	E		

Notes:

Date	Odometer	Where & Why	Miles
	B		
	E		
	B		
	E		
	B		
	E		
	B		
	E		
	B		
	E		
	B		
	E		
	B		
	E		
	B		
	E		
	B		
	E		
	B		
	E		
	B		
	E		
	B		
	E		

Notes:

Date	Odometer	Where & Why	Miles
	B		
	E		
	B		
	E		
	B		
	E		
	B		
	E		
	B		
	E		
	B		
	E		
	B		
	E		
	B		
	E		
	B		
	E		
	B		
	E		
	B		
	E		
	B		
	E		

Notes:

Date	Odometer		Where & Why	Miles
	B			
	E			
	B			
	E			
	B			
	E			
	B			
	E			
	B			
	E			
	B			
	E			
	B			
	E			
	B			
	E			
	B			
	E			
	B			
	E			
	B			
	E			
	B			
	E			

Notes:

Date	Odometer	Where & Why	Miles
	B		
	E		
	B		
	E		
	B		
	E		
	B		
	E		
	B		
	E		
	B		
	E		
	B		
	E		
	B		
	E		
	B		
	E		
	B		
	E		
	B		
	E		
	B		
	E		

Notes:

Date	Odometer	Where & Why	Miles
	B		
	E		
	B		
	E		
	B		
	E		
	B		
	E		
	B		
	E		
	B		
	E		
	B		
	E		
	B		
	E		
	B		
	E		
	B		
	E		
	B		
	E		
	B		
	E		

Notes:

Date	Odometer	Where & Why	Miles
	B		
	E		
	B		
	E		
	B		
	E		
	B		
	E		
	B		
	E		
	B		
	E		
	B		
	E		
	B		
	E		
	B		
	E		
	B		
	E		
	B		
	E		
	B		
	E		

Notes:

Date	Odometer	Where & Why	Miles
	B		
	E		
	B		
	E		
	B		
	E		
	B		
	E		
	B		
	E		
	B		
	E		
	B		
	E		
	B		
	E		
	B		
	E		
	B		
	E		
	B		
	E		
	B		
	E		

Notes:

Date	Odometer	Where & Why	Miles
	B		
	E		
	B		
	E		
	B		
	E		
	B		
	E		
	B		
	E		
	B		
	E		
	B		
	E		
	B		
	E		
	B		
	E		
	B		
	E		
	B		
	E		
	B		
	E		

Notes:

Date	Odometer	Where & Why	Miles
	B		
	E		
	B		
	E		
	B		
	E		
	B		
	E		
	B		
	E		
	B		
	E		
	B		
	E		
	B		
	E		
	B		
	E		
	B		
	E		
	B		
	E		
	B		
	E		

Notes:

Date	Odometer	Where & Why	Miles
	B		
	E		
	B		
	E		
	B		
	E		
	B		
	E		
	B		
	E		
	B		
	E		
	B		
	E		
	B		
	E		
	B		
	E		
	B		
	E		
	B		
	E		
	B		
	E		

Notes:

Date	Odometer	Where & Why	Miles
	B		
	E		
	B		
	E		
	B		
	E		
	B		
	E		
	B		
	E		
	B		
	E		
	B		
	E		
	B		
	E		
	B		
	E		
	B		
	E		
	B		
	E		
	B		
	E		

Notes:

Date	Odometer	Where & Why	Miles
	B		
	E		
	B		
	E		
	B		
	E		
	B		
	E		
	B		
	E		
	B		
	E		
	B		
	E		
	B		
	E		
	B		
	E		
	B		
	E		
	B		
	E		
	B		
	E		

Notes:

Date	Odometer	Where & Why	Miles
	B		
	E		
	B		
	E		
	B		
	E		
	B		
	E		
	B		
	E		
	B		
	E		
	B		
	E		
	B		
	E		
	B		
	E		
	B		
	E		
	B		
	E		
	B		
	E		

Notes:

Date	Odometer	Where & Why	Miles
	B		
	E		
	B		
	E		
	B		
	E		
	B		
	E		
	B		
	E		
	B		
	E		
	B		
	E		
	B		
	E		
	B		
	E		
	B		
	E		
	B		
	E		
	B		
	E		

Notes:

Date	Odometer	Where & Why	Miles
	B		
	E		
	B		
	E		
	B		
	E		
	B		
	E		
	B		
	E		
	B		
	E		
	B		
	E		
	B		
	E		
	B		
	E		
	B		
	E		
	B		
	E		
	B		
	E		

Notes:

Date	Odometer		Where & Why	Miles
	B			
	E			
	B			
	E			
	B			
	E			
	B			
	E			
	B			
	E			
	B			
	E			
	B			
	E			
	B			
	E			
	B			
	E			
	B			
	E			
	B			
	E			
	B			
	E			

Notes:

Date	Odometer	Where & Why	Miles
	B		
	E		
	B		
	E		
	B		
	E		
	B		
	E		
	B		
	E		
	B		
	E		
	B		
	E		
	B		
	E		
	B		
	E		
	B		
	E		
	B		
	E		
	B		
	E		

Notes:

Date	Odometer	Where & Why	Miles
	B		
	E		
	B		
	E		
	B		
	E		
	B		
	E		
	B		
	E		
	B		
	E		
	B		
	E		
	B		
	E		
	B		
	E		
	B		
	E		
	B		
	E		
	B		
	E		

Notes:

Date	Odometer	Where & Why	Miles
	B		
	E		
	B		
	E		
	B		
	E		
	B		
	E		
	B		
	E		
	B		
	E		
	B		
	E		
	B		
	E		
	B		
	E		
	B		
	E		
	B		
	E		
	B		
	E		

Notes:

Date	Odometer	Where & Why	Miles
	B		
	E		
	B		
	E		
	B		
	E		
	B		
	E		
	B		
	E		
	B		
	E		
	B		
	E		
	B		
	E		
	B		
	E		
	B		
	E		
	B		
	E		
	B		
	E		

Notes:

Date	Odometer	Where & Why	Miles
	B		
	E		
	B		
	E		
	B		
	E		
	B		
	E		
	B		
	E		
	B		
	E		
	B		
	E		
	B		
	E		
	B		
	E		
	B		
	E		
	B		
	E		
	B		
	E		

Notes:

Date	Odometer	Where & Why	Miles
	B		
	E		
	B		
	E		
	B		
	E		
	B		
	E		
	B		
	E		
	B		
	E		
	B		
	E		
	B		
	E		
	B		
	E		
	B		
	E		
	B		
	E		
	B		
	E		

Notes:

Date	Odometer	Where & Why	Miles
	B		
	E		
	B		
	E		
	B		
	E		
	B		
	E		
	B		
	E		
	B		
	E		
	B		
	E		
	B		
	E		
	B		
	E		
	B		
	E		
	B		
	E		
	B		
	E		

Notes:

Date	Odometer	Where & Why	Miles
	B		
	E		
	B		
	E		
	B		
	E		
	B		
	E		
	B		
	E		
	B		
	E		
	B		
	E		
	B		
	E		
	B		
	E		
	B		
	E		
	B		
	E		
	B		
	E		

Notes:

Date	Odometer	Where & Why	Miles
	B		
	E		
	B		
	E		
	B		
	E		
	B		
	E		
	B		
	E		
	B		
	E		
	B		
	E		
	B		
	E		
	B		
	E		
	B		
	E		
	B		
	E		
	B		
	E		

Notes:

Date	Odometer	Where & Why	Miles
	B		
	E		
	B		
	E		
	B		
	E		
	B		
	E		
	B		
	E		
	B		
	E		
	B		
	E		
	B		
	E		
	B		
	E		
	B		
	E		
	B		
	E		
	B		
	E		

Notes:

Date	Odometer	Where & Why	Miles
	B		
	E		
	B		
	E		
	B		
	E		
	B		
	E		
	B		
	E		
	B		
	E		
	B		
	E		
	B		
	E		
	B		
	E		
	B		
	E		
	B		
	E		
	B		
	E		

Notes:

Date	Odometer	Where & Why	Miles
	B		
	E		
	B		
	E		
	B		
	E		
	B		
	E		
	B		
	E		
	B		
	E		
	B		
	E		
	B		
	E		
	B		
	E		
	B		
	E		
	B		
	E		
	B		
	E		

Notes:

Date	Odometer	Where & Why	Miles
	B		
	E		
	B		
	E		
	B		
	E		
	B		
	E		
	B		
	E		
	B		
	E		
	B		
	E		
	B		
	E		
	B		
	E		
	B		
	E		
	B		
	E		
	B		

Notes:

Date	Odometer	Where & Why	Miles
	B		
	E		
	B		
	E		
	B		
	E		
	B		
	E		
	B		
	E		
	B		
	E		
	B		
	E		
	B		
	E		
	B		
	E		
	B		
	E		
	B		
	E		
	B		
	E		

Notes:

Date	Odometer	Where & Why	Miles
	B		
	E		
	B		
	E		
	B		
	E		
	B		
	E		
	B		
	E		
	B		
	E		
	B		
	E		
	B		
	E		
	B		
	E		
	B		
	E		
	B		
	E		
	B		
	E		

Notes:

Date	Odometer	Where & Why	Miles
	B		
	E		
	B		
	E		
	B		
	E		
	B		
	E		
	B		
	E		
	B		
	E		
	B		
	E		
	B		
	E		
	B		
	E		
	B		
	E		
	B		
	E		
	B		
	E		

Notes:

Date	Odometer	Where & Why	Miles
	B		
	E		
	B		
	E		
	B		
	E		
	B		
	E		
	B		
	E		
	B		
	E		
	B		
	E		
	B		
	E		
	B		
	E		
	B		
	E		
	B		
	E		
	B		
	E		
	B		
	E		

Notes:

Date	Odometer	Where & Why	Miles
	B		
	E		
	B		
	E		
	B		
	E		
	B		
	E		
	B		
	E		
	B		
	E		
	B		
	E		
	B		
	E		
	B		
	E		
	B		
	E		
	B		
	E		
	B		
	E		

Notes:

Date	Odometer	Where & Why	Miles
	B		
	E		
	B		
	E		
	B		
	E		
	B		
	E		
	B		
	E		
	B		
	E		
	B		
	E		
	B		
	E		
	B		
	E		
	B		
	E		
	B		
	E		
	B		
	E		

Notes:

Date	Odometer	Where & Why	Miles
	B		
	E		
	B		
	E		
	B		
	E		
	B		
	E		
	B		
	E		
	B		
	E		
	B		
	E		
	B		
	E		
	B		
	E		
	B		
	E		
	B		
	E		
	B		
	E		

Notes:

Date	Odometer	Where & Why	Miles
	B		
	E		
	B		
	E		
	B		
	E		
	B		
	E		
	B		
	E		
	B		
	E		
	B		
	E		
	B		
	E		
	B		
	E		
	B		
	E		
	B		
	E		
	B		
	E		

Notes:

Date	Odometer	Where & Why	Miles
	B		
	E		
	B		
	E		
	B		
	E		
	B		
	E		
	B		
	E		
	B		
	E		
	B		
	E		
	B		
	E		
	B		
	E		
	B		
	E		
	B		
	E		
	B		
	E		

Notes:

Date	Odometer	Where & Why	Miles
	B		
	E		
	B		
	E		
	B		
	E		
	B		
	E		
	B		
	E		
	B		
	E		
	B		
	E		
	B		
	E		
	B		
	E		
	B		
	E		
	B		
	E		
	B		
	E		

Notes:

Date	Odometer	Where & Why	Miles
	B		
	E		
	B		
	E		
	B		
	E		
	B		
	E		
	B		
	E		
	B		
	E		
	B		
	E		
	B		
	E		
	B		
	E		
	B		
	E		
	B		
	E		
	B		
	E		

Notes:

Date	Odometer	Where & Why	Miles
	B		
	E		
	B		
	E		
	B		
	E		
	B		
	E		
	B		
	E		
	B		
	E		
	B		
	E		
	B		
	E		
	B		
	E		
	B		
	E		
	B		
	E		
	B		
	E		

Notes:

Date	Odometer	Where & Why	Miles
	B		
	E		
	B		
	E		
	B		
	E		
	B		
	E		
	B		
	E		
	B		
	E		
	B		
	E		
	B		
	E		
	B		
	E		
	B		
	E		
	B		
	E		
	B		
	E		

Notes:

Date	Odometer	Where & Why	Miles
	B		
	E		
	B		
	E		
	B		
	E		
	B		
	E		
	B		
	E		
	B		
	E		
	B		
	E		
	B		
	E		
	B		
	E		
	B		
	E		
	B		
	E		
	B		
	E		

Notes:

Date	Odometer	Where & Why	Miles
	B		
	E		
	B		
	E		
	B		
	E		
	B		
	E		
	B		
	E		
	B		
	E		
	B		
	E		
	B		
	E		
	B		
	E		
	B		
	E		
	B		
	E		
	B		
	E		

Notes:

Date	Odometer	Where & Why	Miles
	B		
	E		
	B		
	E		
	B		
	E		
	B		
	E		
	B		
	E		
	B		
	E		
	B		
	E		
	B		
	E		
	B		
	E		
	B		
	E		
	B		
	E		
	B		
	E		

Notes:

Date	Odometer	Where & Why	Miles
	B		
	E		
	B		
	E		
	B		
	E		
	B		
	E		
	B		
	E		
	B		
	E		
	B		
	E		
	B		
	E		
	B		
	E		
	B		
	E		
	B		
	E		
	B		
	E		

Notes:

Date	Odometer	Where & Why	Miles
	B		
	E		
	B		
	E		
	B		
	E		
	B		
	E		
	B		
	E		
	B		
	E		
	B		
	E		
	B		
	E		
	B		
	E		
	B		
	E		
	B		
	E		
	B		
	E		

Notes:

Date	Odometer	Where & Why	Miles
	B		
	E		
	B		
	E		
	B		
	E		
	B		
	E		
	B		
	E		
	B		
	E		
	B		
	E		
	B		
	E		
	B		
	E		
	B		
	E		
	B		
	E		
	B		
	E		

Notes:

Date	Odometer	Where & Why	Miles
	B		
	E		
	B		
	E		
	B		
	E		
	B		
	E		
	B		
	E		
	B		
	E		
	B		
	E		
	B		
	E		
	B		
	E		
	B		
	E		
	B		
	E		
	B		
	E		

Notes:

Date	Odometer	Where & Why	Miles
	B		
	E		
	B		
	E		
	B		
	E		
	B		
	E		
	B		
	E		
	B		
	E		
	B		
	E		
	B		
	E		
	B		
	E		
	B		
	E		
	B		
	E		
	B		
	E		

Notes:

Date	Odometer	Where & Why	Miles
	B		
	E		
	B		
	E		
	B		
	E		
	B		
	E		
	B		
	E		
	B		
	E		
	B		
	E		
	B		
	E		
	B		
	E		
	B		
	E		
	B		
	E		
	B		
	E		

Notes:

Date	Odometer	Where & Why	Miles
	B		
	E		
	B		
	E		
	B		
	E		
	B		
	E		
	B		
	E		
	B		
	E		
	B		
	E		
	B		
	E		
	B		
	E		
	B		
	E		
	B		
	E		
	B		
	E		

Notes:

Date	Odometer	Where & Why	Miles
	B		
	E		
	B		
	E		
	B		
	E		
	B		
	E		
	B		
	E		
	B		
	E		
	B		
	E		
	B		
	E		
	B		
	E		
	B		
	E		
	B		
	E		
	B		
	E		

Notes:

Date	Odometer	Where & Why	Miles
	B		
	E		
	B		
	E		
	B		
	E		
	B		
	E		
	B		
	E		
	B		
	E		
	B		
	E		
	B		
	E		
	B		
	E		
	B		
	E		
	B		
	E		
	B		
	E		

Notes:

Date	Odometer	Where & Why	Miles
	B		
	E		
	B		
	E		
	B		
	E		
	B		
	E		
	B		
	E		
	B		
	E		
	B		
	E		
	B		
	E		
	B		
	E		
	B		
	E		
	B		
	E		
	B		
	E		

Notes:

Date	Odometer	Where & Why	Miles
	B		
	E		
	B		
	E		
	B		
	E		
	B		
	E		
	B		
	E		
	B		
	E		
	B		
	E		
	B		
	E		
	B		
	E		
	B		
	E		
	B		
	E		
	B		
	E		

Notes:

Date	Odometer	Where & Why	Miles
	B		
	E		
	B		
	E		
	B		
	E		
	B		
	E		
	B		
	E		
	B		
	E		
	B		
	E		
	B		
	E		
	B		
	E		
	B		
	E		
	B		
	E		
	B		
	E		

Notes:

Date	Odometer	Where & Why	Miles
	B		
	E		
	B		
	E		
	B		
	E		
	B		
	E		
	B		
	E		
	B		
	E		
	B		
	E		
	B		
	E		
	B		
	E		
	B		
	E		
	B		
	E		
	B		
	E		

Notes:

Date	Odometer	Where & Why	Miles
	B		
	E		
	B		
	E		
	B		
	E		
	B		
	E		
	B		
	E		
	B		
	E		
	B		
	E		
	B		
	E		
	B		
	E		
	B		
	E		
	B		
	E		
	B		
	E		

Notes:

Date	Odometer	Where & Why	Miles
	B		
	E		
	B		
	E		
	B		
	E		
	B		
	E		
	B		
	E		
	B		
	E		
	B		
	E		
	B		
	E		
	B		
	E		
	B		
	E		
	B		
	E		
	B		
	E		

Notes:

Date	Odometer	Where & Why	Miles
	B		
	E		
	B		
	E		
	B		
	E		
	B		
	E		
	B		
	E		
	B		
	E		
	B		
	E		
	B		
	E		
	B		
	E		
	B		
	E		
	B		
	E		
	B		
	E		

Notes:

Date	Odometer	Where & Why	Miles
	B		
	E		
	B		
	E		
	B		
	E		
	B		
	E		
	B		
	E		
	B		
	E		
	B		
	E		
	B		
	E		
	B		
	E		
	B		
	E		
	B		
	E		
	B		
	E		

Notes:

Date	Odometer	Where & Why	Miles
	B		
	E		
	B		
	E		
	B		
	E		
	B		
	E		
	B		
	E		
	B		
	E		
	B		
	E		
	B		
	E		
	B		
	E		
	B		
	E		
	B		
	E		
	B		
	E		

Notes:

Date	Odometer	Where & Why	Miles
	B		
	E		
	B		
	E		
	B		
	E		
	B		
	E		
	B		
	E		
	B		
	E		
	B		
	E		
	B		
	E		
	B		
	E		
	B		
	E		
	B		
	E		
	B		
	E		

Notes:

Date	Odometer	Where & Why	Miles
	B		
	E		
	B		
	E		
	B		
	E		
	B		
	E		
	B		
	E		
	B		
	E		
	B		
	E		
	B		
	E		
	B		
	E		
	B		
	E		
	B		
	E		
	B		
	E		

Notes:

Date	Odometer	Where & Why	Miles
	B		
	E		
	B		
	E		
	B		
	E		
	B		
	E		
	B		
	E		
	B		
	E		
	B		
	E		
	B		
	E		
	B		
	E		
	B		
	E		
	B		
	E		
	B		
	E		

Notes:

Date	Odometer	Where & Why	Miles
	B		
	E		
	B		
	E		
	B		
	E		
	B		
	E		
	B		
	E		
	B		
	E		
	B		
	E		
	B		
	E		
	B		
	E		
	B		
	E		
	B		
	E		
	B		
	E		

Notes:

Date	Odometer	Where & Why	Miles
	B		
	E		
	B		
	E		
	B		
	E		
	B		
	E		
	B		
	E		
	B		
	E		
	B		
	E		
	B		
	E		
	B		
	E		
	B		
	E		
	B		
	E		
	B		
	E		

Notes:

Date	Odometer	Where & Why	Miles
	B		
	E		
	B		
	E		
	B		
	E		
	B		
	E		
	B		
	E		
	B		
	E		
	B		
	E		
	B		
	E		
	B		
	E		
	B		
	E		
	B		
	E		
	B		
	E		

Notes:

Date	Odometer	Where & Why	Miles
	B		
	E		
	B		
	E		
	B		
	E		
	B		
	E		
	B		
	E		
	B		
	E		
	B		
	E		
	B		
	E		
	B		
	E		
	B		
	E		
	B		
	E		
	B		
	E		

Notes:

Date	Odometer	Where & Why	Miles
	B		
	E		
	B		
	E		
	B		
	E		
	B		
	E		
	B		
	E		
	B		
	E		
	B		
	E		
	B		
	E		
	B		
	E		
	B		
	E		
	B		
	E		
	B		
	E		

Notes:

Date	Odometer	Where & Why	Miles
	B		
	E		
	B		
	E		
	B		
	E		
	B		
	E		
	B		
	E		
	B		
	E		
	B		
	E		
	B		
	E		
	B		
	E		
	B		
	E		
	B		
	E		
	B		
	E		

Notes:

www.ingramcontent.com/pod-product-compliance
Lightning Source LLC
Chambersburg PA
CBHW050305230526
45471CB00005B/2028